THE UNOFFICIAL

FRIENDS

WORD SEARCH PUZZLES
WORD JUMBLES
TRIVIA
QUOTES

By

MIRANDA POWELL

Copyright 2019
Old Town Publishing

TABLE OF CONTENTS

Introduction

For ten seasons, we enjoyed the wonderful show "Friends". Now, we relive these moments in word search puzzles, Double Jumbles, Trivia and some entertaining quotes each related to this great show.

Word Search Rules

The puzzles in this book are in the classic word search format. The words listed at the bottom of the page are hidden in the grid above. You will find them in unbroken lines - backwards or forwards, vertically, horizontally or on the diagonal. Words can overlap and share letters.

Highlight or circle each word you find and cross it off the list.

Double Jumbles

Each Double Jumble contains a quote by one of our beloved *Friends* characters. To finish the quote, unjumble the words and place the appropriate letters in their spaces below.

We've especially made our puzzles in large type to make them easier on the eyes. Even our solutions are in an easy-to-read format with only two answer keys per page.

Each puzzle in this "word find" book has a theme related to *Friends* and will hopefully bring back some great memories of this wonderful series.

So, sit back and relax with these enjoyable and challenging puzzles.

And… take a look at the end of the book for some fun *Friends* trivia and quotes.

Happy searching!

DOUBLE JUMBLES

Puzzle 1

"All right, kids, I gotta get to work. If I don't input _____ _____...it doesn't make much of a difference." - Chandler

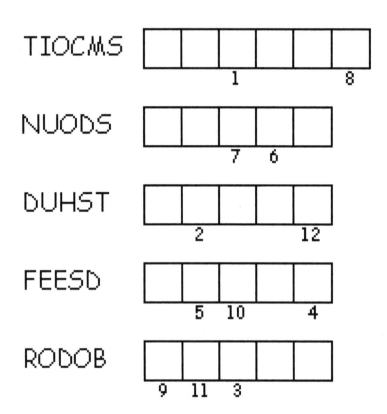

TIOCMS

NUODS

DUHST

FEESD

RODOB

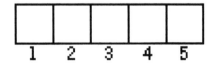 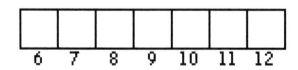

Puzzle 2

"That's right, I stepped up! She's my friend and she needed help.
If I had to, ___ ___ __ any one of you!" – Joey

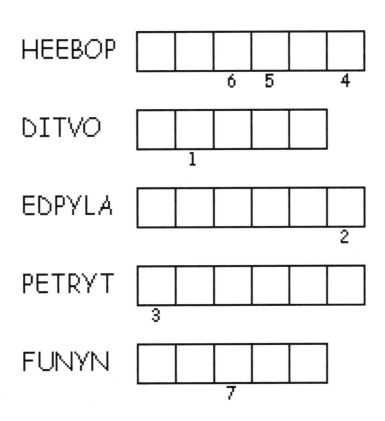

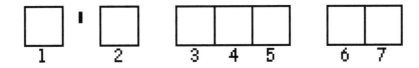

Puzzle 3

"I just had sex with someone who wasn't alive during the _____." – Monica

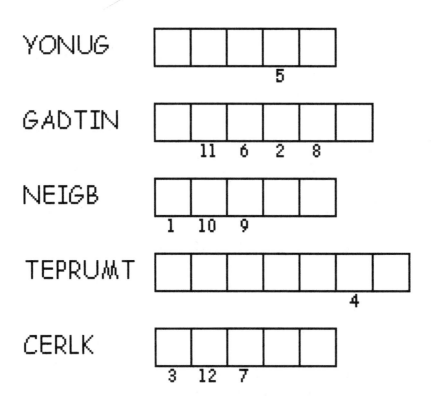

YONUG

			5	

GADTIN

	11	6	2	8	

NEIGB

1	10	9		

TEPRUMT

					4	

CERLK

3	12	7		

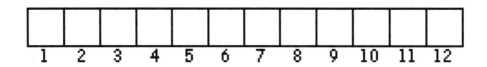

1	2	3	4	5	6	7	8	9	10	11	12

Puzzle 4

"Phoebe, you are so beautiful. You're so kind. You're so generous. You're __ _____ weird." - Mike's wedding vows

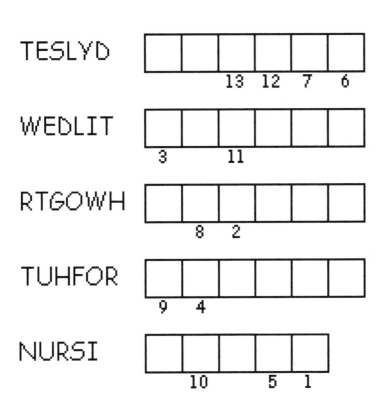

TESLYD — ☐☐☐☐☐☐ (13 12 7 6)

WEDLIT — ☐☐☐☐☐☐ (3 11)

RTGOWH — ☐☐☐☐☐☐ (8 2)

TUHFOR — ☐☐☐☐☐☐ (9 4)

NURSI — ☐☐☐☐☐ (10 5 1)

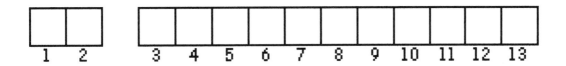

☐☐ ☐☐☐☐☐☐☐☐☐☐☐
1 2   3 4 5 6 7 8 9 10 11 12 13

Puzzle 5

"Smelly cat, smel-ly cat, what are they feeding you? Smelly cat, smel-ly cat, it's ___ ____ _____." – Phoebe

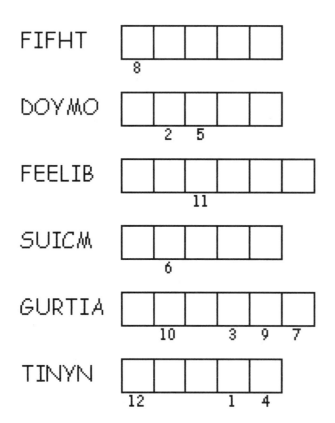

FIFHT

DOYMO

FEELIB

SUICM

GURTIA

TINYN

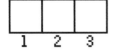 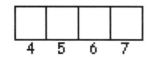 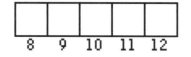

Puzzle 6

"Do you think — and try not to let my intense vulnerability become any kind of a factor here — but do you think it would be OK if I asked you ___ _____, maybe?" – Ross

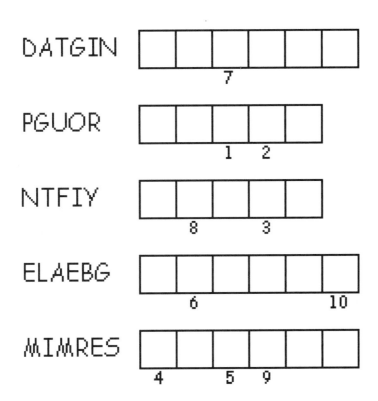

DATGIN

PGUOR

NTFIY

ELAEBG

MIMRES

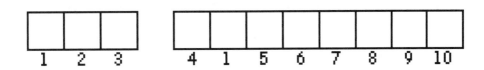

Puzzle 7

"You can't just give up. Is that what _ _____ would do?"
– Joey

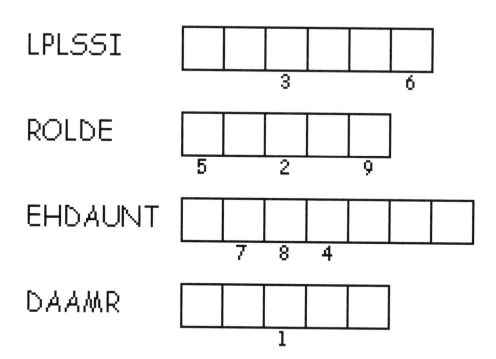

LPLSSI

ROLDE

EHDAUNT

DAAMR

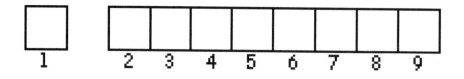

Puzzle 8

"Come on, Ross, you're a paleontologist. Dig a _____ _____."
– Phoebe

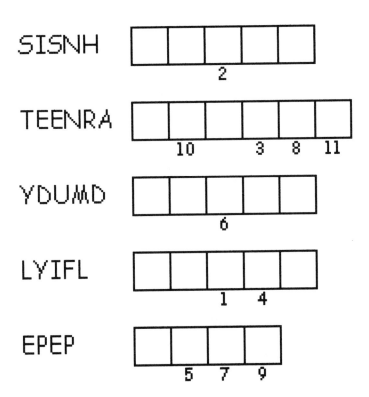

SISNH

TEENRA

YDUMD

LYIFL

EPEP

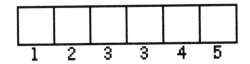

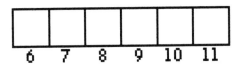

Puzzle 9

"They're as different as night and... later ____ _____." – Monica

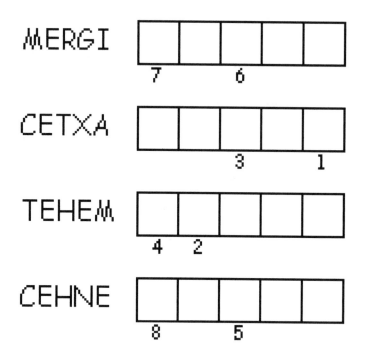

MERGI

CETXA

TEHEM

CEHNE

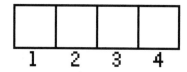

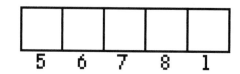

Puzzle 10

"Your little Harmonica __ _____." - Monica

FUELYRMM

				5		9	

HISDNE

2	3				10

KRLA

	8		

MYPGI

	1		6	

MALCE

	4		7	

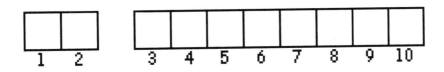

1	2	3	4	5	6	7	8	9	10

Puzzle 11

"We don't know how long we're gonna be stuck here. We might have __ _____ the world." – Joey

KERP

TERLANC

MPTOS

MAWNO

Puzzle 12

"I can handle this. "Handle" is my middle name. Actually, "handle" is __ _____ __ my first name." – Chandler

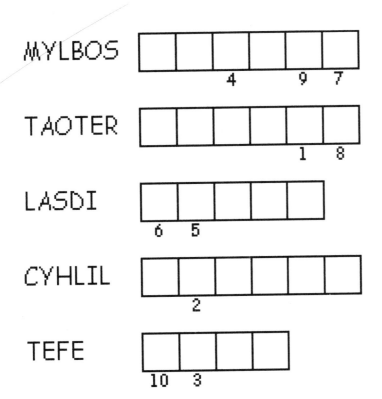

MYLBOS

TAOTER

LASDI

CYHLIL

TEFE

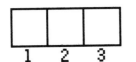

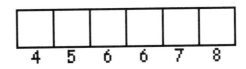

Puzzle 13

"And this from the cry-for-help department: Are you _____ _____?" – Chandler to Joey

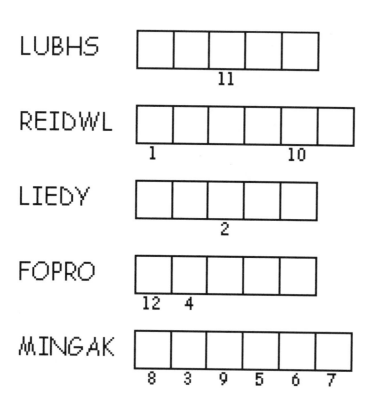

LUBHS

REIDWL

LIEDY

FOPRO

MINGAK

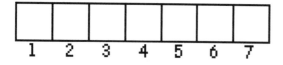

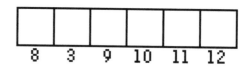

"A no sex pact! I have one of those with _____ _____ in America!" – Ross

RIRTWE

SAERE

TEOME

EARY

IRNU

Puzzle 15

"Hey, if we were in prison, you guys would be like __ _____."
– Phoebe to Monica and Rachel

DINM

SEPKY

BIRSNG

TICHY

CIHPR

Puzzle 16

"I may play the fool at times but I'm a little more than just a pretty blonde girl _____ ___ _____ that won't quit." – Phoebe

KEMSO

NAYSW

PTGYE

SATLKS

HOER

Puzzle 17

"I thought it'd be great, you know? ____ ____ ____ alone with my thoughts... turns out, I don't have as many thoughts as you'd think." – Joey

MEOSU → MOUSE

HITWE → WHITE

SEVST → VESTS

TOHM → MOTH

LOAFO → ALOOF

HAVE SOME TIME

Puzzle 18

"All right, look if you absolutely have to tell her the truth, at least wait until the timing's right. And that's what _____ ___ for."
- Chandler

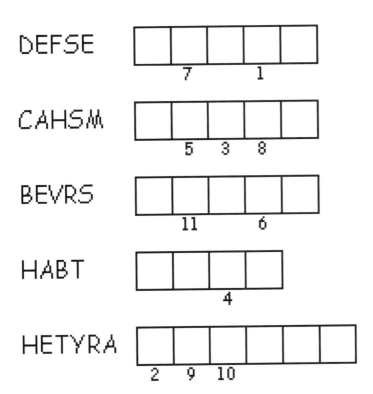

DEFSE

CAHSM

BEVRS

HABT

HETYRA

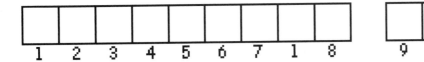

Puzzle 19

"Ok, Joey, we'll do it one more time. _____ _____ the rules - heads I win, tails you lose." – Rachel to Joey

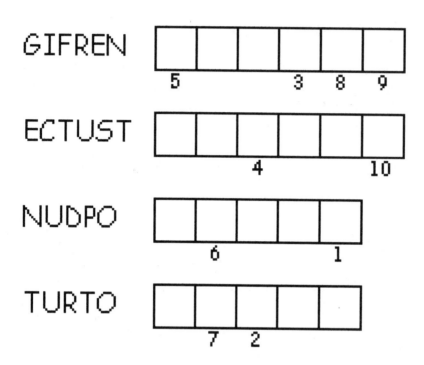

GIFREN

5			3	8	9

ECTUST

		4			10

NUDPO

6			1	

TURTO

7	2			

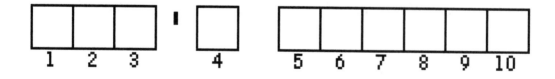

| 1 | 2 | 3 | ' | 4 | | 5 | 6 | 7 | 8 | 9 | 10 |

Puzzle 20

"I mean, this one time, I went out with this girl, she had the biggest _____ _____!" – Joey

LACLI

TIYP

NAIPG

MHTAC

LIEDG

WORD SEARCH PUZZLES

FRIENDS AND FAMILY MEMBERS

```
F G J O S E P H S E N I O R C
R O L N G J A C K G E L L E R
A C M O E I A M Y G R E E N P
N H A R R I N B T G K A P N D
K A R A N I Q A R G E A H C I
B R Y B B T A Y S S L B O V N
U L A I P I V T E U J M E I A
F E N N B N T R S F Q Z B Q B
F S G G B A E R S G J D E Z C
A B E V P H U E M M A R A C A
Y I L H T B E N J M B G B O S
Y N A Y W R X M A A X R B O S
P G R V E R O N I C A E O K I
S A N D R A G R E E N E T I E
M J U D Y G E L L E R N T E C
```

Amy Green	Frank Buffay	Nora Bing
Ben	Gina	Phoebe Abbott
Cassie	Gloria T	Sandra Green
Charles Bing	Jack Geller	Tina
Cookie	Joseph Senior	Ursula
Dina	Judy Geller	Veronica
Dr Green	Mary Angela	
Emma	Mary Therese	

ROSS'S GIRLS AND ACTOR'S NAMES

```
C A R O L W I L L I C K G E J
W H H F J G L M B F R T L E Z
Z W R M D W P H O Y R A T E G
W I L I A S W Z L N D A C C I
Z T A C S G G I W N A I A H A
M H U Q A T M Z E E N S N L L
E E R H B E A X S A A H I O E
L R E S X A A Y J M H A T E X
I S N B N B H E L E N T A S H
Z P T O R E E S E O O Y B T O
A O O N R O M I J N R L A J L
B O M N Y C H A R L I E R I D
E N D I W H E E L E R R O L E
T C H E R Y L J U L I E N L N
H W S O M E R V I L L E E V Z
```

Aisha Tyler
Alex Holden
Anita Barone
Baxendale
Bonnie
Carol Willick
Charlie
Cheryl

Chloe
Chris Taylor
Elizabeth
Emily
Helen
Janice
Jill
Julie

Lauren Tom
Mona
Reese
Romijn
Somerville
Wheeler
Witherspoon

RACHEL'S GUYS AND ACTOR'S NAMES

```
B C J G P H P D J O S H U A W
R O D A G F D A G A V I N N Y
U S O A L K Z N O M L C A D M
C I B Z N K M N B L Z V D A F
E M E A U G Z Y S B O J O E Y
W O D A R Q A E Y N A H G X T
I F D V Z R N U O R O P N X D
L U I O V O Y D T F V X E T M
L S E R J B E F Y H N N W O U
I C C G C T P A A A I U B M L
S O A U A A C Y K R E E O M R
D T H T R U P G E M B O R Y O
R K I P A U L S T E V E N S N
C T L B E N S T I L L E R M E
K A L W R O S S G E L L E R Y
```

Barry Farber	Eddie Cahill	Ross Geller
Ben Stiller	G Newborn	Russ
Bruce Willis	Gavin	Tag Jones
Cosimo Fusco	Joey	Tate Donovan
D Mulroney	Joshua	Tommy
Dan Gauthier	Paolo	
Danny	Paul Stevens	

JOEY'S GIRLS AND ACTOR'S NAMES

```
K A T E M I L L E R F Q W N C
Y Z B T Y R T E E S L O H B F
L L M L A I S H A T Y L E R S
F I O A M C O O N N F J E E A
Z U O L C E C I L I A A L W R
J C N I G P J O J K A N E S A
A H F K W M H J X R C I R T N
N A R R A L E E L H V C P E D
I R Y A X T N Y R Z P E M R O
N L E X R E I Y E S N K A C N
E I C J M E K E U R O L G S Z
U E P R B I R A M M J N G B C
S U S A N G K I T V R O I Q B
U V M J P V J L N H S S E Z I
M A N S I O Q Z J Y Y P A F U
```

Aisha Tyler   Janine   Meyer
Brewster   Kate Miller   Moon Frye
Cecilia   Kathy   Sarandon
Charlie   Katie   Susan
Erin   Macpherson   Wheeler
Janice   Maggie

MONICA'S GUYS AND ACTOR'S NAMES

```
I Z X R G U D C H I P F Q M G
G B U C H A N D L E R Z K Z O
H Z C A W E N A F A L P T M H
Z D K D P X C X Y W C H G Y R
G L U A S Q Y T Y V M K R U I
F T T T W D R E W O N H V K C
U H J C N A K C I P H R I Q H
Q P X P U R M L E J O C K G A
Z E B T U D U P X X O Z Y O R
I E S B J J Y A E N Y E R N D
F Q M I S C H A T Q A O A Z B
D I R I M H U Q H Q U L P M U
T O G V K T M E A D A Y A K R
F U N B O B B Y N K R D U J K
P E T E B E C K E R U C L N E
```

Alan	Mischa
Chandler	Paul
Chip	Pete Becker
Ethan	Richard Burke
Fun Bobby	Stuart
Julio	Tim Burke

PHOEBE'S GUYS AND ACTOR'S NAMES

```
P U P P E T G U Y P A R K E R
B T K Z J K C T C D R C U G C
P P E N A T Z Q T E A F F H L
P W N Y S I P T G X D V P H I
J V N G O M O O C B Z R I R F
I I Y A N C R D M R Y A N D F
M N C R S J O N U W H G C S O
N C O Y P A B M A L C O L M R
E E P T S K D Z K S L X T F D
L E Y H E E O Q R C Y P F R C
S M G E R L N I I N N V S O T
O U U C G M N R O N H W N B R
N W Y O E D E T R H V O H E R
Q S B P I F N D U N C A N R Z
M I K E H A N N I G A N U T B
```

Clifford	Kenny Copy Guy	Ryan
David	Malcolm	Scott
Duncan	Mike Hannigan	Sergei
Eric	Parker	Tim
Gary the Cop	Puppet Guy	Tony
Jake	Rob Donnen	Vince
Jason	Robert	
Jim Nelson	Roger	

CHANDLER'S GIRLS

```
T G Z V I Z K S O M M A R T Q
R U R E M X Q J H K A N M C U
W Q T P E J Z F Y A R M J M U
C G A T U W A F B T Y O H C E
T M D W D D N N H H A N P Q Z
N R N N A J L Q I Y N I E J N
P F B H X R U O J C G C U O J
T V L T D X G L Y A E A F A P
W G N X T D F U I M L T C N M
M A R J O R I E G E A M X N I
Q V Y G G V P N Y I G R C A S
A Z Z M S U S I E F N R V K S
Y P U F S X R D X C L G A X Y
U K K C G K A U R O R A E F U
N W T I B M V X Q T V P T R F
```

Aurora	Marjorie
Ginger	Mary Angela
Janice	Missy
Joanna	Monica
Julie Graff	Susie
Kathy	

THE FRIEND'S AT WORK

```
M U S I C I A N D C I D F P P
A C Z Y E O S O A P O P E R A
R E I O H Y A J O A N N A A L
K N B L O O M I E S S P C L E
R T O R P D O U G K P R O P O
O R X S Z D D K W M E O P H N
B A I V P O F I T R R F Y L T
I L N C D A U K A Z M E W O O
N P G W Y C L B G E D S R R L
S E D V O T W F J L O S I E O
O R A B E O W I O N N O T N G
N K Y R I R E C N E O R E F I
W A I T R E S S E R R K R E S
M A S S E U S E S W C H E F T
A O F A S H I O N E X E C G Q
```

Actor	Fashion Exec	Professor
Bloomies	Joanna	Ralph Loren
Boxing Day	Mark Robinson	Soap Opera
Central Perk	Masseuse	Sperm Donor
Chef	Mr Zelner	Tag Jones
Copywriter	Musician	VP of IT
Doug	Paleontologist	Waitress

ALL ABOUT THE WEDDINGS

```
M O N I C A C H A N D L E R H H
P B Y W C P G R W L G R R A K
S H A E H A R M I F D Q P C C
D R O R Y B R U J D A I W H H
K H Q E R X H O C E M B C E A
S F M G B Y Y O L Y N C R L P
R C J W F E R W W S H V C R P
O P L I L U M A F X U A K O Y
S E O H F C B I C H T S C S Y
S N S I H G G T K H O W A S C
E G H O L R O H Q E E A R N H
M L A S V E G A S C F L G C U
I A I O L Z U M B F V T G I R
L N B A R R Y M I N D Y T X C
Y D U C H E S S Y O R K Q Q H
```

Barry Mindy	Las Vegas
Barry Rachel	Monica Chandler
Carol Susan	Phoebe Mike
Chappy	Rachel Ross
Church	Ross Emily
Duchess York	Waitham
England	

LAS VEGAS

```
K T F Q D S T B Q D R U N K W
B R O K E J L L H Q J W S O L
O A W M Q A U M L E B E D K I
K J Z G I C A U Y F H N Y H T
S U B M V K L W S C I N N L T
G F U J L P A A A W C R L A L
L B C U Q O S T G C K G S S E
A H H C R T S N D W D A E V W
D W A P S U I F C E D M S E H
I T P L M D R D G I A B H G I
A U E W D L A H K C F L M A T
T J L E C I R I U F M I E S E
O N W H A N D T W I N N M R T
R V R V X G Y F W M K G H X X
C A E S A R S P A L A C E N F
```

Broke	Hand Twin
Caesars Palace	Jackpot
Chapel	Las Vegas
Dealer	Little White
Drunk	Mustaches
Gambling	Wedding Window
Gladiator	

THE DIRECTORS

```
J P L A C E H A L V O R S O N
E R E U T T R E G A L B U T O
N H U G H E S V O R V R P S U
S U M G M Z A S K K Y B I A C
E K I I R Z U C K E R M A N H
N R R E S C H L A M M E Z F R
B P N L A Z A R U S O F Z O I
V O U M B H O L L A N D A R S
B Z G I T T E L S O H N A D T
S I F O V U B T X B E P P S I
S O R N D B E N S O N C C V A
Y I Y W E I S S M Y E R S O N
L E M B E C K T B U R R O W S
D Z A O S C H W I M M E R S E
L S N H N S T E I N B E R G N
```

Benson	Hughes	Sanford
Bonerz	Jensen	Schlamme
Bright	Lazarus	Schwimmer
Burrows	Lembeck	Simon
Christiansen	Macuso	Steinberg
Epps	Myerson	Tsao
Fryman	Piazza	Weiss
Gittelsohn	Place	Zuckerman
Halvorson	Prime	
Holland	Regalbuto	

THE WRITERS

```
R C T G W X A L G A R E I C H
O O Z O E S I K O W T I Z E Y
S N S L C A L D I R O L A U G
E D Y D V K A U F F M A N N R
N O R B A L A G A N A A A G E
B N E E R V F F T H M H E E E
L S I R I S I A X E O G S R N
A I L G N G I S E K N S T L S
T L L M A I G R H U L P R E T
T V Y E I R F V J A M D A I E
T E L E T C U J B I I I U D I
D R F H I Q O B O R N S S E N
Q I J A S D I H I H I I S R G
C R A N E T P L E N C H A S E
K R E A M E R Q S N A S T O F
```

Astof	Freeman	Reilly
Borns	Goldberg-Meehan	Rosenblatt
Boyle	Greenstein	Rubin
Caldirola	Junge	Sikowtiz
Chase	Kauffman	Silveri
Cohen	Kohan	Strauss
Condon	Kreamer	Tibbals
Crane	Lagana	Ungerleider
Davis	Reich	Varinaitis

MORE WRITERS

```
K M C C R E E R Y D H Y Z U B
U Y O Z E P V F I A Y B G B U
N M A L I N S W V T F C D X C
E M J U N M D J R G A W I A K
R L C A X N A F F T W S Q N N
T Q A J A T L N Y L M D A I E
H B I L S I N G D A E U L D R
S T R A U S Y V R E J M O G Y
C U R T I S F B R Y L O I G A
K L U M C C A R T H Y L N N S
L A N D R U M P Z W H S F E G
G O O D M A N C A L H O U N S
G W T A H R O S E N H A U S O
K L E I N E L A W R E N C E F
B O R K O W C A R L O C K U T
```

Abrams	Goodman	Malins
Bilsing	Jones	Mandell
Borkow	Klein	McCarthy
Buckner	Kunerth	McCreery
Calhoun	Kurland	Rein
Carlock	Landrum	Rosenhaus
Curtis	Lawrence	Straus
Fleming	Lin	

JENNIFER ANISTON

```
D M K A C T R E S S N H M Q A
I U F R I E N D S O C O D M H
R R G T D L M Y O F W R A J M
T D R H I L N E W Y O R K U I
A E E E R Y G Q M P D I B S Y
C R E F E S C Q O R Y B U T E
O M C I C A A U R O L L R I L
M Y E X T V K M N D E N N L L
E S N E O A E I I U A S I T O
D T E R R L L L N C N B N H W
Y E Z M J A U L G E C O G E B
O R A S M S N E S R Y S L R I
G Y Q B J Y Z R H E D S O O R
D U M P L I N S O I O E V U D
C O U G A R T O W N W S E X S
```

Actress	Drama	Morning Show
Bosses	Dumplin	Murder Mystery
Burning Love	Emmy	Nancy Dow
Cake	Friends	New York
Comedy	Greece	Producer
Cougar Town	Horrible	Telly Savalas
Director	Justin Theroux	The Fixer
Dirt	Millers	Yellow Birds

COURTENEY COX

```
M C Q N T H E T R I P P E R C
O O S P R I N G S T E E N E T
N U B A R E L Y F A M O U S Q
I G V D C H A R I T Y C A S E
C A J R B I R M I N G H A M X
A R Y U D B Q C V X D I R T X
O T D N M M K I N E R A S E B
F O N K B M W A R C N P B V A
M W O H B S H A M E L E S S R
T N V I J O H N M C D A I D N
V Y E S F S S C R E A M Z C Y
H F M T O M M Y L E E C O O A
O R B O A L A B A M A J O C R
S G E R S O C I E T Y Q M O D
T X R Y F R I E N D S G O O N
```

Alabama	Dirt	November
Barely Famous	Drunk History	Scream
Barnyard	Friends	Shameless
Birmingham	Go On	Society
Cece	John McDaid	Springsteen
Charity Case	Kinerase	The Tripper
Coco	Monica	Tommy Lee
Cougar Town	MTV Host	Zoom

LISA KUDROW

```
J P W E B T H E R A P Y D D E
K A B L U E Y X N X L Y K V L
W N U X A M E R I C A N O A O
O E P A P E R M A N I B D S V
N I C O U G A R T O W N A S I
D G B A N D S L A M A L O A T
E H F S P L Z U K C U M Z R Z
R B U F F A Y H S S X A K Y K
L O N G S H O T R P H O E B E
A R Z N G R O U N D L I N G S
N S G R E E N E Y E D S D X D
D M I C H E L S T E R N G D P
B O O K S M A R T J U A M J M
H J Q B L O N D L E A S Y A O
C O M E B A C K M A R R I E D
```

Americano
Bandslam
Blond
Booksmart
Buffay
Comeback
Cougar Town
Easy A

Encino
Green-eyed
Groundlings
Kabluey
Long Shot
Lovitz
Married
Michel Stern

Neighbors
Paper Man
Phoebe
Scandal
Ursula
Vassar
Web Therapy
Wonderland

MATT LEBLANC

```
C T F A D E M O C R A T Q B W
K H R D O H O U H Y S L X A E
M E E A G V T A A W L O M R B
B R N M S P O L R C E S O I T
M E C B U A R O L L B T N T H
O M H U N L C V I I L I S O E
D B T R E I Y E E T A N T N R
E R Q N W S C S S A N S E E A
L A Q S T A L I A L C P R Y P
P N Z R O D E C N I L A S U Y
H D S Y N E S K G A F C D J O
E T X K U S X Y E N W E V O M
I S L S L O S A L A M O S E A
N K A T E H U D S O N V W Y T
Z C A R P E N T E R O W S S T
```

Adam Burns	Heinz	Matt
Baritone	Italian	Model
Carpenter	Joey	Monsters
Charlie's Angels	Kate Hudson	Motorcycles
Democrat	LeBlanc	Newton
Dogs	Los Alamos	Palisades
Ed	Lost in Space	The Rembrandt's
French	Lovesick	Web Therapy

MATTHEW PERRY

```
O T T A W A P R O D U C E R K
J G S W S O F T B A L L V P R
V S U E G O O D W I F E Z J E
W Y N B O D D C O U P L E W S
I W K T X F W R Z F S K F Y T
L K D H L G V I I V P M I K E
L E J E C O U G A R T O W N V
I N G R I C E H O C K E Y R A
A N O A T E N N I S U O S Y H
M E O P L A Y H O U S E W I S
S D N Y M T W K U O T R X R W
T Y W R I T E R G R U E X I I
O S E O J W F R E N C H D S S
W G M R S U N S H I N E K H S
N C A N A D A S T U D I O 6 0
```

Canada	Kennedys	Softball
Cougar Town	Kresteva	Studio 60
French	Mike	Swiss
German	Mr Sunshine	Ted
Go On	Odd Couple	Tennis
Good Wife	Ottawa	Web Therapy
Ice Hockey	Playhouse	Williamstown
Irish	Producer	Writer

DAVID SCHWIMMER

```
N L V E N E W Y O R K D Y O B
O A I R R E V E R S I B L E E
R U T U R N A R O U N D O X V
T N D I R E C T O R T J O R E
H D U B R O W N E Y E S K J R
W R X M W Q L G O C L I I E L
E O D E L T A T A U L H N F Y
S M N L E R N R H B I E G F H
T A Y O U R G M A U G J G E I
E T Z O O L Q S N C E O L R L
R V T T L O C S G K N S A S L
N N C I Y N S Q D M C E S O S
E A W U X O O B O A E P S N E
A S T O R I A E G N Y H W B X
S B F M Q P R O D U C E R P A
```

Actor	Hangdog	Northwestern
Astoria	Intelligence	Producer
Beverly Hills	Irreversible	Ross
Brown-eyes	Jefferson	Turnaround
Buckman	Joseph	Will & Grace
Delta Tau	Laundromat	Zoe
Director	Looking Glass	
Entourage	New York	

RACHEL GREEN

```
S U F Y J E A L O U S S B Y D
U P Z S T U B B O R N E L B E
T A I M W R E O A J F L O A T
L I R R A H I R P S U F O R E
T P U P I D P T B B N I M R R
R O K O T T R H O B N N I Y M
E P V V R M E O U B Y V N F I
N U Q H E T T D N F G O G A N
D L R Q S Y T O C F I L D R E
S A M O S Z Y N Y A E V A B D
E R P U S G N T H S L E L E L
T V I I Q S T I A H O D E R E
T D I R Z A E S I I Y U S H M
E T E Z R P F T R O A S C V R
R Z F B T N V V N N L A W G X
```

Barry Farber	Funny	Ross
Bloomingdales	Jealous	Self-involved
Bouncy Hair	Lazy	Spirited
Bratty	Loyal	Stubborn
Bully	Orthodontist	Trendsetter
Determined	Popular	Waitress
Fashion	Pretty	

MONICA GELLER

```
C I M P U L S I V E W Q F P E
H O L C L P B D Y T C A A U D
E L M E D T A C J F H L M T E
F D D P R H B B P D E N I O B
R P A T E T Y T E C U O L L L
I W F V S T S Z S D K S Y A E
C C L P O E I R Z S O T Y L K
H C O E N N T T I D Y O B S H
A X W O A M T W I Q L A S L O
R H H G K S I E K V I O P T T
D O R M F S N R A L E Z B Y B
C O I J R W G D E E N Z F U N
C H A N D L E R B R O T H E R
A M B I T I O U S C L E A N V
H E L P F U L G D H M Z J I R
```

Ambitious	Competitive	Impulsive
Babysitting	Cooks	Loyal
Brother	Family	Organized
Chandler	Fun	Reliable
Chef	Helpful	Richard
Clean	Honest	Tidy

PHOEBE BUFFAY

```
M A S S E U S E Z W S K C O X
Z P Q V G H S D L Q R M H Q A
S Y I O H U F A E E B B J T D
U D C Y I X R T B F R A N K O
R G M S N O E B O X U C Q U R
R O A Q I M N R H I R O S D A
O O N G M J C O E A S N I R B
G D T R B Y H T M H U F N O L
A V R E P Y G H I B L I G W E
T I A X L N U E A G A D S Y H
E B L L I P Q R N P O E T I C
L E I X H U S T L E A N L X T
J S O G U I T A R Q P T J M W
D B S M E L L Y C A T K M V I
B K I K N Y K D O D U N C A N
```

Adorable	French	Poetic
Bohemian	Good Vibes	Silly
Boxing	Guitar	Sings
Brother	Hustle	Smelly Cat
Confident	Kudrow	Surrogate
Duncan	Mantra	Twin
Frank	Masseuse	Ursula

JOEY TRIBBIANI

```
F O O T B A L L Q W O M E N K
Q S R X I T A L I A N K N A M
M I G X O M O R G E N U I N E
A M K Y O E C F U U F S J R N
C P D V D A Q H A Z O Q I V B
A L E O Z T F R A M O R A Y D
N E O Z S B U R U R I T N O R
D F I U I A N S P X M L H C A
C P F X N L N X N M L I Y G K
H J N F G L Y L E B L A N C E
E K T H L S V C A C T O R G Q
E I R R E S I S T I B L E T B
S Q X U L P M B X G I M T L E
E S T R U G G L I N G B X U E
U N C O M P L I C A T E D H R
```

Actor	Funny	Ramoray
Beer	Genuine	Simple
Charming	Irresistible	Single
Drake	Italian	Struggling
Family	LeBlanc	Uncomplicated
Food	Mac and CHEESE	Women
Football	Meatballs	
Fun	Pizza	

CHANDLER BING

```
W E I R D P A R E N T S B C E
I F S Z A C Q U I P S J S L A
N H V V D X C N R D G P B L E
S O E B T A R E R S I A L S X
E Z J U O E T A K H F A R A E
C B K J G T W A S F B E S C C
U G T A E K C N A T G A I H U
R U N W W Q O S E N F N F I T
E A D A S I A U I S A U N C I
M E E U T G Q Z J J I L N K V
B P N A E C H T N U P N Y N E
D E L V A K F Z Z U T T G S Y
W E S R F P D U C K Q B X L T
R A T H I R D N I P P L E T E
L B A S K E T B A L L J T K G
```

Affable	Executive	Racquetball
Awkward	Funny	Relationships
Basketball	Insecure	Single
Bed-wetter	Janice	Third Nipple
Chick	Las Vegas	Weird Parents
Data Analyst	Manager	WENUS
Duck	Quips	Zingers

ROSS GELLER

```
W Q Y M A R R I A G E S H T S
K C O N T R O L L I N G S G I
D A F S J E A L O U S I D A U
I P R O E C Q C I O G V Q W N
N M Z A I R Y N H O T C G K A
O Z F N T W I D L E F O R W G
S J O T C E J O L F L M A A I
A M E B O Y T R U G F P M R F
U K M K S N E T Q S W L M D Y
R O B M O H N I A W D A A M E
S V U E C X S D O V E I R M U
L L L A P I M A K M M N I W D
C A E D U C A T E D I S P H L
P T D I V O R C E S L M P S D
B R E A K S T H C R Y R C V I
```

Awkward	Educated	Paleontologist
Break	Emily	PhD
Clumsy	Grammar	Rachel
Complains	Jealous	Serious
Controlling	Karate	Smart
Dinosaurs	Marriages	Teacher
Divorces	Monica	Unagi

GUEST STARS

```
G C S T O A L E X A N D E R A
B O N S A R A N D O N M Y J G
F A L V E E A P G G P E R F Y
R G T D C L O O N E Y A D F L
L O Y T B L L A U R E N E B V
L R B P A L E R M O C T V G A
E D H E P G U D O S T G I R N
U L C O R I L M R E H U T E D
G J X Z H T F I U B X E O Y A
I O T E N J S Q A Z F Y E L M
X G U O G Q R L R G E Z B N M
W A X L Z A O E P S I P D G E
J X F Q D M S W K W T O E F Z
F V L Y N C H I N I C H O L S
R U D D C T F S H I E L D S P
```

Palermo (Brian)
Grey (Jennifer)
Arquette (David)
Roberts (Juliet)
Alexander (Jason)
Ryder (Winona)
Sarandon (Susan)
Goldblum (Jeff)
Nichols (Marisol)
Devito (Danny)

Shields (Brooke)
Gould (Elliott)
Rudd (Paul)
Van Damme (Jean-Claude)
Lauren (Ralph)
Lynch (Jane)
Lewis (Jenifer)
Clooney (George)
Sheen (Charlie)
Battaglia (Matt)

MORE GUEST STARS

```
X W O X C Y H E S T O N J N B
C I P A L U M B O L L E N O B
I L B R A N S O N F R K A U A
O L A W I T H E R S P O O N L
O I E R N T T U R N E R L Z D
R A B E L A F O N T E Y T J W
A M E S K I M E N T R I X I I
P S R H A G E R T Y V V Q S N
A P L K G O F A S O P E I S Y
P I E U O S G A L N Z B H E T
O Q B N I M M G V N I Y P L V
R W I L N O F A I R C H I L D
T N L S H N C R Q U E V F E X
U I T T I D P R K T Q A S C P
W I L L A R D C O N T I U K H
```

Baldwin (Alec)
Belafonte (Gina)
Branson (Richard)
Conti (Tom)
Fairchild (Morgan)
Favreau (Jon)
Garr (Teri)
Hagerty (Mike)
Heston (Charlton)

Hunt (Helen)
Leno (Jay)
Lovitz (Jon)
Meskimen (Jim)
Osmond (Donny)
Palumbo (Jimmy)
Penn (Sean)
Prinze (Freedie Jr.)
Rapaport (Michael)

Ribisi (Giovanni)
Selleck (Tom)
Thomas (Marlo)
Turner (Kathleen)
Willard (Fred)
Williams (Robin)
Willis (Bruce)
Witherspoon
(Reese)

MORE ACTORS FROM FRIENDS

```
O A L O O P E R L E I B M A N
G K Z C N Y S M A N N O I F T
H U S A S I B B E T T N C A Y
P U W I R E D M K H O F H R L
F C H R M I M H C S A T A I E
S A A E K S A E R G Q L E S R
A H N L O D H E C K H O L D T
C I K A L W H E E L E R S E O
A L I N G P D O N O V A N A N
R L N D C E D I W Z R X D N B
L U S M L W H I T F I E L D L
I C P B E X E N D A L E C O W
N L A P L A C A P I C K L E S
D G R X S O M M E R V I L L E
H O L D E N Z K S P R O U S E
```

Allen (Charles & John)

Azaria (Hank)

Bexendale (Helena)

Cahill (Eddie)

Carlin (Amanda)

Dean (Laura)

Donovan (Tate)

Eckholdt (Steven)

Faris (Anna)

Fusco (Cosimo)

Gable (June)

Hankin (Larry)

Harris (Kim)

Hecht (Jessica)

Holden (Alexandria)

Ireland (Steve)

La Placa (Alison)

Leibman (Ron)

Looper (Douglas)

Mann (Cynthia)

McPherson (Elle)

Michaels (Joe Everett)

Pickles (Christina)

Rupp (Debra Jo)

Sibbett (Jane)

Sims (Heather)

Sommerville (Bonnie)

Sprouse (Cole)

Tom (Lauren)

Tyler (Aisha)

Tyler (James Michael)

Wheeler (Maggie)

Whitfield (Mitchell)

EMMY NOMINATIONS & AWARDS

```
G R E E N S T E I N T Z B T J
L E M B E C K M S K U D R O W
E A H P F N B A C A Z C U M A
B N E R G H O R H P H M C S R
L I D O B C F L W P V C E E T
A S I D M A L O I L V M W L D
N T T U Q S I T M E Q B I L I
C O I C O T L H M G P U L E R
E N N E C I A O E A E R L C E
S P G R O N C M R T R R I K C
M I X I N G T A A E R O S L T
M A K E U P O S D Y Y W G U I
J U N G E Z R C O Z V S U M O
C I N E M A T O G R A P H Y N
A C T R E S S W R I T I N G C
```

Actor	Cinematography	Makeup
Actress	Coz	Marlo Thomas
Aniston	Editing	Mixing
Applegate	Greenstein	Perry
Art Direction	Junge	Producer
Bruce Willis	Kudrow	Schwimmer
Burrows	LeBlanc	Tom Selleck
Casting	Lembeck	Writing

AUDIENCE AWARDS AND ONLINE AWARDS

```
P S T Y L E R W I L L I S S W
E S C H W I M M E R O K C F I
O W I T H E R S P O O N O A K
P U K F U A C T R E S S M V U
L I J K K R P G L N T P E O D
E E D K Y G N E R I E X D R R
S H B X G V C E N C E Z Y I O
C P M L G R M O R K N A S T W
H E M D A R D Y Q E A C E E H
O R G M O N K I I L N T R I K
I R W F A I C P J O I O I Y W
C Y R R X X T S S D S R E P W
E E A T X C O X H E T E S I M
P S E L L E C K O O O O E T E
B R E A K O U T W N N B H T M
```

Actor	LeBlanc	Schwimmer
Actress	Marcel	Selleck
Aniston	Nickelodeon	Show
Breakout	Peoples Choice	Teen
Comedy Series	Performer	Turner
Cox	Perry	Tyler
Favorite	Pitt	Willis
Kudrow	Sarandon	Witherspoon

THINGS WE LOVE ABOUT FRIENDS

```
U C O R N R O W S A M D S K G
R N O H M K A E V T H E M E U
O F A U A M W Y L R S N R S E
S O N G C N V E J S V O K M S
S U R A I H I B E F M C H Q T
A N M R N K I R D U A T C V S
N T I P Z T T O H B J C A S T
D A C D Q C D W H D W S M S A
R I A X A R Q S J O D D E F R
A N A C P H A L A N G E O Y S
C J C X T L W T E N I J S B X
H B O H F O P I C O M E D Y F
E S C E N T R A L P E R K E Z
L B L O Y F N S P R A Y T A N
B A N A N A H A M M O C K J F
```

Actors
Actresses
Banana Hammock
Cameos
Cast
Central Perk
Comedy

Cornrows
Couch
Eyebrows
Flashbacks
Fountain
Friends
Guest Stars

Humor
Joey
Phalange
Ross and Rachel
Spray tan
Theme
Unagi

FAVORITE EPISODES

```
E T J E L L Y F I S H Y U R P
P M H F O O T B A L L B K E Y
J O B E S T R I P P E R C S T
S E U R B Z H Z R Q R Z W O X
U N A G Y L B E H C M F M L P
P O C L H O A X L S O D K U R
E O Y P O K S C M I S I E T O
R N L O C U E Y K K S I M I S
B E A R I V S E Z O D T R O S
O S S S M Q E Y P D U M U N I
W R T C P R I G E S O T G S S
L E O H I V X Q A R I K B I F
T A N E O G S B P S J E Y S I
S D E R O S S G O T H I G H N
O Y A H R T H E R U M O R F E
```

Cop	Porsche	Superbowl
Eddie	Poughkeepsie	The Blackout
Embryos	Prom	The List
Football	Resolutions	The Rumor
Jealousy	Ross Got High	Unagy
Jellyfish	Ross is Fine	Vegas
Last One	Rugby	
No One's Ready	Stripper	

CENTRAL PERK

```
E M P L O Y M E N T Z I L Q N
S T E P H A N I E G P I M R R
M Q V M M E W N R U S N I E A
E N K U E L A G N H O C H F U
L P N F N S T R K I V T O X H
L H F F J X E O T D N S I N I
Y O C I C F R A U U E M K C E
C E D N F F S N G G T E R R Y
A B G I G R E E N C H A I R V
T E H Q E F O A L K I G J V E
N C R V A N R W A I T R E S S
S G N J N O P R T D L Y F J A
A O A F F G Z C T E C X I O V
C I Z H X D Q X E R A C H E L
E N T E R T A I N M E N T Y P
```

Coffee
Conversation
Employment
Entertainment
Green Chair
Gunther
Joey

Latte
Muffin
Orange Sofa
Phoebe
Rachel
Schiffer
Scone

Smelly Cat
Stephanie
Tea
Terry
Waitress
Water

ACTORS WHO ALMOST STARRED IN FRIENDS

```
J O N C R Y E R H D O I Y V K
A A A J A N E L Y N C H S S A
N J N Y V Q D N L M Q Q E K T
E O C E A X Q C A O S R R Z H
K N Y W A H Y R V O E K I Z Y
R F M F A N W A G N I N C L G
A A C Y P C E I E G I U M S R
K V K E C J T G M T O Z C U I
O R E H A W E B A U J R C B F
W E O B F D A I R R Z M O E F
S A N C N R L E O L O F R C I
K U Z E K X E R S R O F M M N
I P L L V O O K O Q Q N A S S
R L O Y Q D N O Q J D H C L D
E B W D F C I T G P Y V K Q O
```

Craig Bierko

Ellen DeGeneres

Eric McCormack

Jane Krakowski

Jane Lynch

Janeane Garofalo

Jon Cryer

Jon Favreau

Kathy Griffin

Nancy McKeon

Tea Leoni

MUSIC DEPARTMENT

```
T H E R E M B R A N D T S B J
A I J Z L H A R R A H G Q R U
Q H A Y Q X V R F L N I N N L
K Q S K L O F F K I W I L L S
F H P P V C F N L J R J O A A
U A E N O F S H Z H M C N L P
C N U F W D C S F A M A O F S
H N P J D I S S M T T C L Z T
I I A W R U I W H N O H D W X
A G P I K V N C I R V Y U H B
N A A C A L S F T L P L H D O
E N I D B R J S J A L J Z R U
S N A F E U A U H M C I X Y X
E E K I C M Q W W O I M S R O
Y N K X U R L E R V O L T K G
```

Chianese
Davis
Fintana
Hannigan
Harrah
Kierscht
Lervolt

Mastrocola
Nickus
Richling
Skloff
The Rembrandts
Will
Willis

SOME OF THE PRODUCERS

```
Y  K  L  Q  N  D  X  Y  S  T  Y  I  H  I  D
I  N  N  I  N  A  W  E  B  Z  J  C  J  B  M
K  O  E  O  C  C  N  K  U  A  I  J  W  N  F
F  L  Z  U  R  O  K  P  U  E  G  A  E  C  S
K  L  W  U  J  S  H  I  R  R  O  L  P  R  H
H  E  X  C  I  W  R  E  Z  K  L  H  G  A  B
Y  R  P  T  H  E  N  E  N  A  S  A  R  N  O
X  L  R  U  V  T  U  B  B  U  T  A  N  E  R
A  U  F  L  H  G  J  I  U  F  E  U  C  D  K
C  G  I  G  I  N  S  L  C  F  V  X  A  S  O
U  S  I  R  J  I  P  S  K  M  E  C  L  H  W
N  R  D  W  I  M  E  I  N  A  N  H  H  A  A
B  O  S  N  T  Y  I  N  E  N  S  A  O  N  M
R  M  A  L  I  N  S  G  R  L  M  S  U  A  N
K  R  E  A  M  E  R  O  M  X  X  E  N  W  M
```

Allen	Crane	Malins
Bilsing	Curtis	Reich
Borkow	Jones	Rodriguez
Bright	Kauffman	Shana
Buckner	Klein	Silveri
Calhoun	Knoller	Stevens
Chase	Kreamer	
Cohen	Kurland	

FAMOUS SCENES AND PROPS

```
M A G I C T R I C K A O T I M
O P V S E E E F A P P R J J A
N A R A N C S L N N O A K Z G
I R L Y T G O A F U T N I U N
C T Y T R E L S Y M H G T H A
A M E H A Y U V F I E E C E D
S E R S L C T E C X C C H N O
W N Y P P H I G L R A O E G O
I T I P E M O A Z E R U N L D
N S X K R I N S H U Y C C A L
D G K P K K S C K S T H H N E
O U N A K E D G U Y A K A D H
W F O O S B A L L I B A I J Q
P P U R P L E W A L L S R V G
S E C R E T C L O S E T S U F
```

Apartments   Magna Doodle
Apothecary Table   Monica's Window
Central Perk   Naked Guy
England   Orange Couch
Foosball   Purple Walls
Kitchen Chairs   Resolutions
Las Vegas   Secret Closet
Magic Trick

JOEY'S ACTING CAREER

```
S H U T T E R S P E E C H U K
P H O L D E N M C G R O I N V
R I K T T G P I V Y O E Z O E
I X F U X K O O F I R E V T U
V V A N X C D U C O R P S E Y
A V P E F T B Z C E P V R B B
T A K H S Z Q A H C O V B U U
E L O Q I R M T T I R D O T R
T P U I P C R J T V Z P X T G
O A K C F E H U T U R O I D E
N C C I V R C I K N G S N O R
Y I Q O G R E S B L S T G U K
Y N A U E U O U P A Y E D B I
A O Q M P I Z A D A N R A L N
M I L K M A S T E R I V Y E G
```

Al Pacino
Boxing Day
Burger King
Butt Double
Corpse
Freud
Holden McGroin
Ichiban

Mac
Mercutio
Milkmaster
Over There
Private Tony
Shutter Speech
VD Poster

RELATIONSHIPS

```
S E R G E I K D R K M B R A H
C U J B A J K U K W J J R F P
R Q S O L T F N Z G H O V E L
F I M I A G R C U K R A L S Y
U Y C I E N S A O U Y Y L T K
N B S H K Z N N A F K Z M E W
B R C D A E J A N I C E N W X
O E R I C R A X K A T H Y A U
B Z Q Q E L D Q T A F N E R S
B T W K U I Q P K R K I Y T A
Y R R S V U G E D L L R N C N
F A R A W V K T N R A N I F T
P U D Y K Z P E A G I N G E R
J A N I N E Y H Q R O S S P W
R A C H E L C J E M J A D E Q
```

Alex	Ginger	Monica
Aurora	Jade	Parker
Charlie	Janice	Pete
David	Janine	Rachel
Duncan	Joanna	Richard
Eric	Kate	Sergei
Erin	Kathy	Stewart
Fun Bobby	Kyle	Susie
Gary	Mike	Ursula

FRIENDS TRIVIA

Friends was supposed to have just four friends. Phoebe and Chandler were originally written as supporting roles.

The show wasn't always called *Friends*. Working titles were *Insomnia Café*, *Friends Like Us*, and *Six of One*, before everyone settled on **Friends**.

There's a reason you've never been able to find the fountain on the East Coast. The credits weren't shot in New York. The opening was shot at Warner Brothers Studios in California.

The names of all six *Friends* were inspired by characters from *All My Children*.

The roll of Ross Geller was written for David Schwimmer.

The apartment numbers were switched during the series. The door of Monica's apartment was switched from 5 to 20. The number on Chandler's apartment was switched from 4 to 19.

Bruce Willis appeared on the show for free after losing a bet to Perry.

Phoebe was originally pitched as a "goth girl," which prompted Janeane Garofalo to turn down the role.

Joey uses the Tuscan insult "Va fa Napoli" the Tuscan equivalent of "Go to Hell", which literally translates as "Go to Naples!"

Before landing the role of Gunther, James Michael Tyler had a job at a coffee shop called the Bourgeois Pig in Hollywood.

The identity of the actor who played Ugly Naked Guy wasn't revealed until 2016. That name… Jon Haugen.

When Phoebe was pregnant with the triplets, Lisa Kudrow was pregnant in real-life with her son, though she had to wear additional pregnancy pads to emulate being pregnant with triplets.

Gunther called Ross an "ezel" (donkey). Ross looks up the word "ezel" in the dictionary and retorts to Gunther "You're an ezel". Gunther easily overrules Ross by saying "jij hebt seks met ezels" (you have sex with donkeys).

Gunther's first line came after 33 episodes, when he said, "Yeah."

The creators of the Portuguese show "Gato Fedorento" say that the inspiration for the name of the show was the song "Smelly Cat".

James Michael Tyler was cast as Gunther, because he was the only extra who could competently work the coffee machine on the Central Perk set.

Long before Hollywood started tackling the pay gap between male and female actresses, everyone on 'Friends' earned the same per episode.

The artwork in Central Perk changed every three episodes.

One fan of the series has calculated that over ten seasons, Joey amassed a total of 119,760 dollars in debt to Chandler.

Lisa Kudrow was terrified of the duck that showed up in season three.

Jon Favreau (Pete) originally auditioned for Chandler.

Joey was originally written as a jerk. When Matt LeBlanc questioned why the others would be friends with him, the character was changed.

Ross is 29 for *three* years. Four three consecutive seasons, Ross mentions he's 29.

Matt LeBlanc's off-screen shoulder injury was written into the episode.

Courteney Cox is the only *Friend* to not receive an Emmy nod for her work on the show.

Marcel was actually played by two monkeys, Monkey and Katie.

Before he was Frank Jr., Giovanni Ribisi had an uncredited role as "Condom Boy" in season two.

The writers used a pie chart to track how many lines and jokes each character said, to make sure each actor and actress had the same amount.

The refrigerators in Monica's and Joey's apartments actually worked. Monica's was filled with water and other drinks for the cast and crew. Joey's was usually empty, unless the inside of the fridge was going to be seen in a specific scene.

It was Joey's use of the phrase "going commando" that eventually got it into the Oxford English Dictionary.

Chandler and Monica were meant to be just a one night thing. But fans in the audience liked it so much that they cheered the bedsheet scene for twenty-seven seconds. It led the makers to make them a couple.

In the first season, due to budget reasons, there was no street outside of Central Perk, just a painted backdrop. The window was a little blurry, with many plants in front of the window, to hide it.

Columbus State University has a paleontologist named David R. Schwimmer.

The show's original theme song was "Shiny Happy People" by R.E.M., but was changed later on to "I'll Be There For You" by The Rembrandts.

Friends was offered an eleventh season, but the cast turned it down because they felt it would ruin the reputation of the show.

The orange sofa in Central Perk was found in the basement of Warner Bros. Studios.

Courteney Cox is two years older than David Schwimmer in real life, despite playing his younger sister on the show.

All six main actors and actresses appear in every episode. James Michael Tyler, as Gunther, is the only other cast member to appear in over one hundred episodes, appearing in one hundred fifty-one of them.

In the "Friends" television show, the actors are never filmed in New York City. All of the shots were in a studio in California, except for London in the finale of season four. Even the fountain scene opening the show was filmed in California.

The actors and actresses were rumored to have signed an agreement to not sleep together.

All ten seasons of *Friends* ranked in the top ten season ratings, ultimately reaching the number-one spot in its eighth season. The series finale was watched by around 52.5 million American viewers, making it the fifth most-watched series finale in television history,

Despite his womanizer character on the show, Matt LeBlanc was shy around girls.

In the pilot episode, "The One Where Monica Gets a Roommate", Barry's (Mitchell Whitfield's) surname is Finkel. In later episodes, his name has been changed to Barry Farber.

GREAT QUOTES
NOT SAID BY THE 6 FRIENDS

"Phoebe, I think Jacques Cousteau is dead." - Judy Geller

"I'm Rhonda, and these aren't real!" - Rhonda. The girl from the museum lunchroom

"I'm going to tell you the same thing I told Al Minza and his pyramid of dogs. Take any job you can get, and don't make on the floor." - Estelle Leonard - Joey's agent

"My mom calls it bloomies." - Tom - Guy from a building party

"Well I gotta buy a vowel. Because O my God!" - Janice

"Hey buddy, this is a family place, put the mouse back in the house." - Gunther

"Yeah, you know, you have to take a course, otherwise they don't let you do it." - Susan Bunch - Carol's wife to Ross

"I'm fine, fine. I'm glad you're here. What's with your hair?" - Judy Geller

"When my time comes, I want to be buried at sea. It looks like fun. Everyone thinks they know me, everyone says 'Jack Geller; so predictable'. Maybe after I'm gone, they'll say, 'buried at sea, huh'." - Jack Geller

"I too am just a love machine." - Ross to Paul (Bruce Willis)

SOLUTIONS

WORD SEARCH PUZZLE
SOLUTIONS

FRIENDS FAMILY MEMBERS

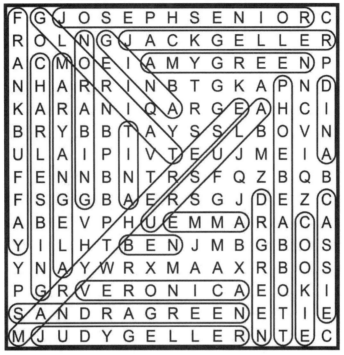

ROSS'S GIRLS AND ACTORS NAMES

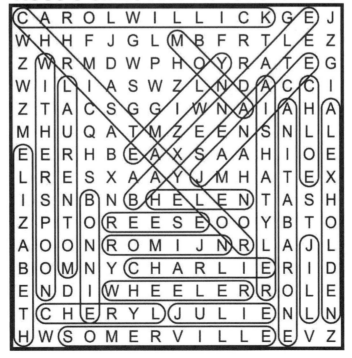

RACHEL'S GUYS AND ACTORS NAMES

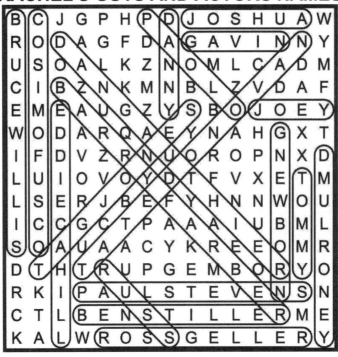

JOEY'S GIRLS AND ACTORS NAMES

MONICA'S GUYS AND ACTORS NAMES

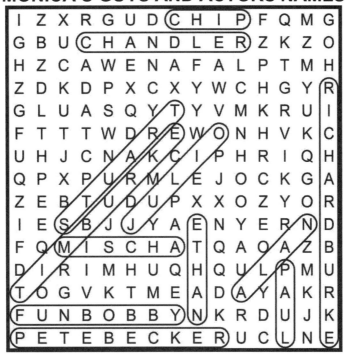

PHOEBE'S GUYS AND ACTORS NAMES

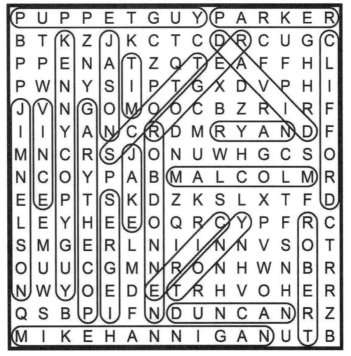

CHANDLER'S GIRLS

```
T G Z V I Z K S O M M M A R T Q
R U R E M X Q J H K A N M C U U
W Q T P E J Z F Y A R Y J M U E
C G A T U W A F B T Y O H C E Z
T M D W D D N H A N P Q Z Z
N R N N A J L Q I Y N I E J N
P F B H X R U O J C G C U O J
T V L T D X G L Y A E A F A P
W G N X T D F U I M L T C N M
M A R J O R I E G E A M X N I
Q V Y G G V P N Y I G R C A S
A Z Z M S U S I E F N R V K S
Y P U F S X R D X C L G A X Y
U K K C G K A U R O R A E F U
N W T I B M V X Q T V P T R F
```

THE FRIENDS AT WORK

```
M U S I C I A N D C I D F P P
A C Z Y E O S O A P O P E R A
R E I O H Y A J O A N N A A L
K N B L O O M I E S S P C L E
R T O R P D O U G K P R O P O
O R X S Z D D K W M E O P H N
B A I V P O F I T R R F Y O T
I L N C D A U K A Z M E W R O
N P G W Y C L B G E D S O E L
S E D V O T W F J L O N S R O
O R A B E O W I O N N O T E G
N K Y R I R E C N E O R E I S
W A I T R E S S E R R K R E S
M A S S E U S E S S W C H E F T
A O F A S H I O N E X E C G Q
```

ALL ABOUT WEDDINGS

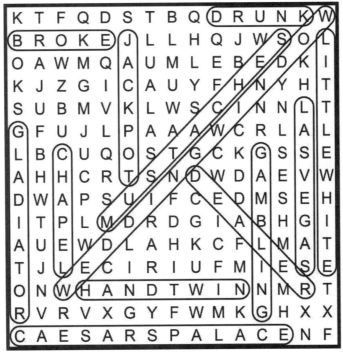

M	O	N	I	C	A	C	H	A	N	D	L	E	R	H
P	B	Y	W	C	P	G	R	W	L	G	R	R	A	K
S	H	A	E	H	A	R	M	I	F	D	Q	P	C	C
D	R	O	R	Y	B	R	U	J	D	A	I	W	H	H
K	H	Q	E	R	X	H	O	C	E	M	B	C	E	A
S	F	M	G	B	Y	Y	O	L	Y	N	C	R	L	P
R	C	J	W	F	E	R	W	W	S	H	V	C	R	P
O	P	L	I	L	U	M	A	F	X	U	A	K	O	Y
S	E	O	H	F	C	B	I	C	H	T	S	C	S	C
S	N	S	I	H	G	G	T	K	H	O	W	A	S	H
E	G	H	O	L	R	O	H	Q	E	E	A	R	N	U
M	I	L	A	S	V	E	G	A	S	C	F	L	G	C
I	A	I	O	L	Z	U	M	B	F	V	T	G	I	R
L	N	B	A	R	R	Y	M	I	N	D	Y	T	X	C
Y	D	U	C	H	E	S	S	Y	O	R	K	Q	Q	H

LAS VEGAS

K	T	F	Q	D	S	T	B	Q	D	R	U	N	K	W
B	R	O	K	E	J	L	L	H	Q	J	W	S	O	L
O	A	W	M	Q	A	U	M	L	E	B	E	D	K	I
K	J	Z	G	I	C	A	U	Y	F	H	N	Y	H	T
S	U	B	M	V	K	L	W	S	C	I	N	N	L	L
G	F	U	J	L	P	A	A	A	W	C	R	L	A	E
L	B	C	U	Q	O	S	T	G	C	K	G	S	S	W
A	H	H	C	R	T	S	N	D	W	D	A	E	V	H
D	W	A	P	S	U	I	F	C	E	D	M	S	E	I
I	T	P	L	M	D	R	D	G	I	A	B	H	G	T
A	U	E	W	D	L	A	H	K	C	F	L	M	A	E
T	J	L	E	C	I	R	I	U	F	M	I	E	S	T
O	N	W	H	A	N	D	T	W	I	N	N	M	R	T
R	V	R	V	X	G	Y	F	W	M	K	G	H	X	X
C	A	E	S	A	R	S	P	A	L	A	C	E	N	F

THE DIRECTORS

THE WRITERS

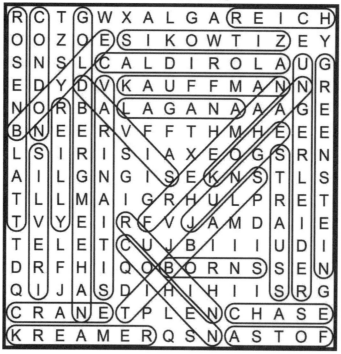

MORE WRITERS

```
K M C C R E E R Y D H Y Z U B
U Y O Z E P V F I A Y B G B U
N M A L I N S W V T F C D X C
E M J U N M D J R G A W I A K
R L C A X N A F F T W S Q N N
T Q A J A T L N Y L M D A I E
H B I L S I N G D A E U L D R
S T R A U S Y V R E J M O G Y
C U R T I S F B R Y L O I G A
K L U M C C A R T H Y L N N S
L A N D R U M P Z W H S F E G
G O O D M A N C A L H O U N S
G W T A H R O S E N H A U S O
K L E I N E L A W R E N C E F
B O R K O W C A R L O C K U T
```

JENNIFER ANISTON

```
D M K A C T R E S S N H M Q A
I U F R I E N D S O C O D M H
R R G T D L M Y O F W R A J M
T D R H I L N E W Y O R K U I
A E E E R Y G Q M P D I B S J
C R E F E S C Q R Y B U T U
O M E I X A A U L L R I S E
M Y X T V K M N D N A N T L
E S N E O A E I U A B O H L
D T E R R L L N C N O E O
Y E Z M J A L G E Y S R W
O R A S M S N E S R H B I
G Y Q B J Y Z R H E D S O R
D U M P L I N S O O I E V D
C O U G A R T O W N W S E X S
```

COURTENEY COX

```
M C Q N T H E T R I P P E R C
O O S P R I N G S T E E N E T
N U B A R E L Y F A M O U S Q
I G V D C H A R I T Y C A S E
C A J R B I R M I N G H A M X
A R Y U D B Q C V X D I R T X
O T D N M M K I N E R A S E B
F O N K B M W A R C N P B V A
M W O H B S H A M E L E S S R
T N V I J O H N M C D A I D N
V Y E S F S S C R E A M Z C Y
H F M T O M M Y L E E C O O A
O R B O A L A B A M A J O C R
S G E R S O C I E T Y Q M O D
T X R R F R I E N D S G O O N
```

LISA KUDROW

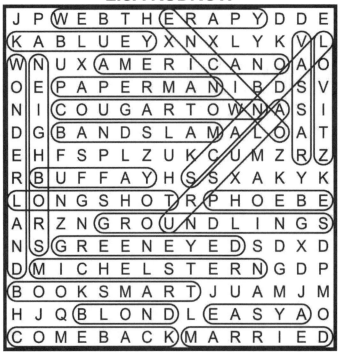

```
J P W E B T H E R A P Y D D E
K A B L U E Y X N X L Y K V L
W N U X A M E R I C A N O A O
O E P A P E R M A N I B D S V
N I C O U G A R T O W N A S I
D G B A N D S L A M A L O A T
E H F S P L Z U K C U M Z R Z
R B U F F A Y H S S X A K Y K
L O N G S H O T R P H O E B E
A R Z N G R O U N D L I N G S
N S G R E E N E Y E D S D X P
D M I C H E L S T E R N G D P
B O O K S M A R T J U A M J M
H J Q B L O N D L E A S Y A O
C O M E B A C K M A R R I E D
```

MATT LEBLANC

MATTHEW PERRY

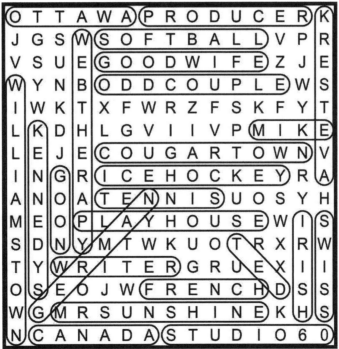

DAVID SCHWIMMER

RACHEL GREEN

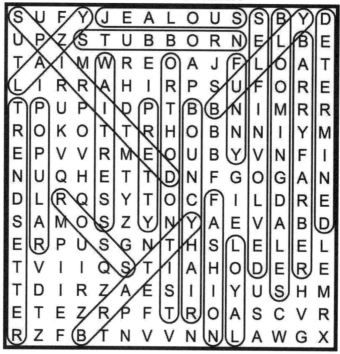

MONICA GELLER

PHOEBE BUFFAY

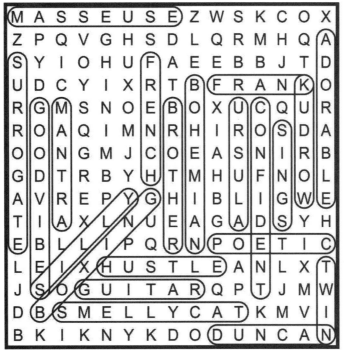

JOEY TRIBBIANI

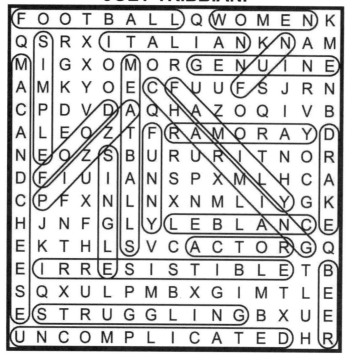

CHANDLER BING

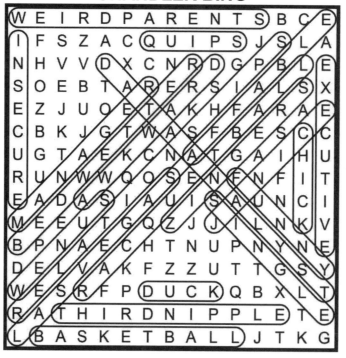

DR. ROSS GELLER

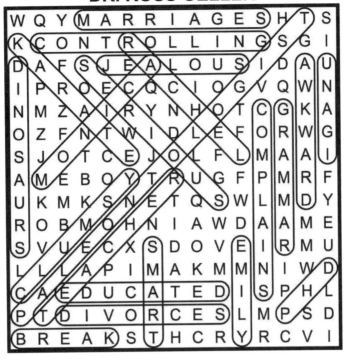

GUEST STARS

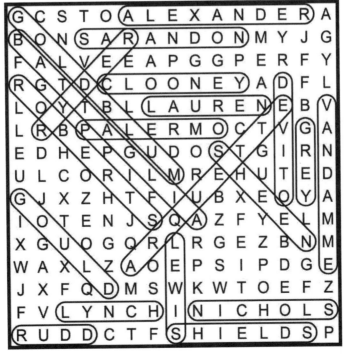

MORE GUEST STARS

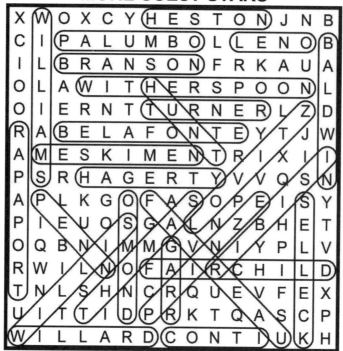

MORE ACTORS FROM FRIENDS

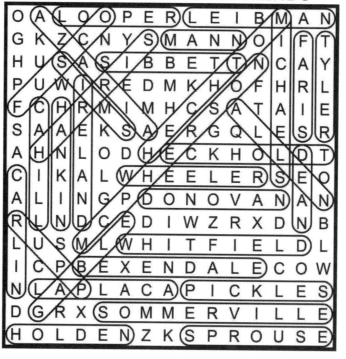

EMMY AWARDS AND NOMINATIONS

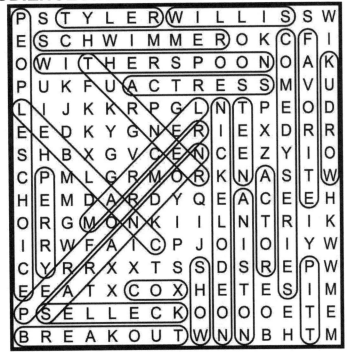

```
G R E E N S T E I N T Z B T J
L E M B E C K M S K U D R O W
E A H P F N B A C A Z C U M A
B N E R G H O R H P H M S R R
L I D O B O F L W P V C E L T
A S U D M A C O T M E W L D D
N T C Q S T H E L Q M B E I I
C O O U C I A O G P U B C R R
E N N C E N M E A E R R K L E
S P G R O N C M R T R O S U C
M I X I N G T A A E R O L T T
M A K E U P O S D Y R W G U I
J U N G E Z R C O Z V S U M O
C I N E M A T O G R A P H Y N
A C T R E S S W R I T I N G C
```

AUDIENCE AWARDS AND ONLINE AWARDS

```
P S T Y L E R W I L L I S S W
E S C H W I M M E R O K C F I
O W I T H E R S P O O N C F K
P U K F U A C T R E S S M A U
L I J K K R P G L N T E D O D
E E D K Y G N E R I E X Y R R
S H B X G V C E N C E Z S O O
C P M L G R M O R K N A E W W
H E M D A R D Y Q E N C R I H
O R G M O N K I I L I T I H K
I R W F A I C P J O N O E P W
C Y R X X T S S D I R E I W W
E E A T X C O X H E T S P M E
P S E L L E C K O O O E I T M
B R E A K O U T W N N B H T M
```

FAVORITE EPISODES

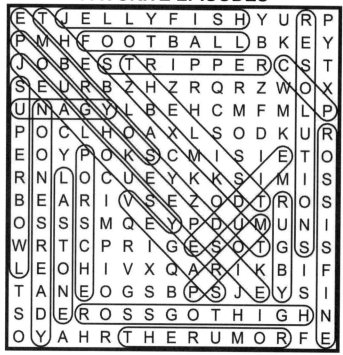

THINGS WE LOVE ABOUT FRIENDS

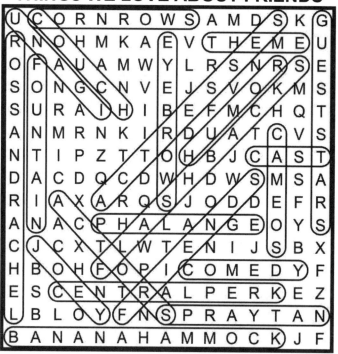

CENTRAL PERK

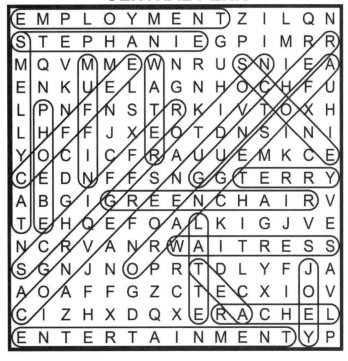

15 ACTORS WHO WERE ALMOST IN FRIENDS

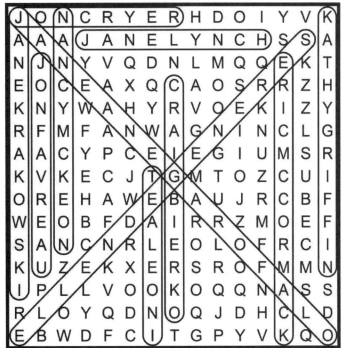

MUSIC DEPARTMENT

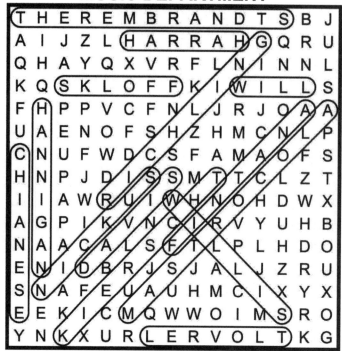

SOME OF THE PRODUCERS

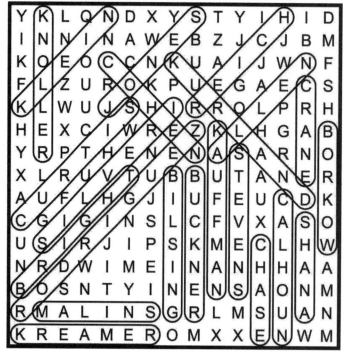

FAMOUS SCENES AND PROPS

JOEYS ACTING CAREER

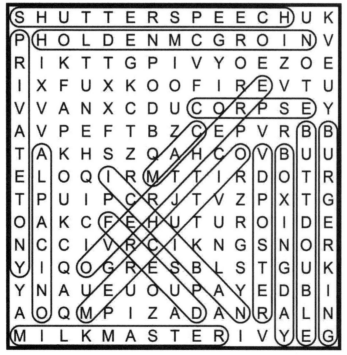

RELATIONSHIPS

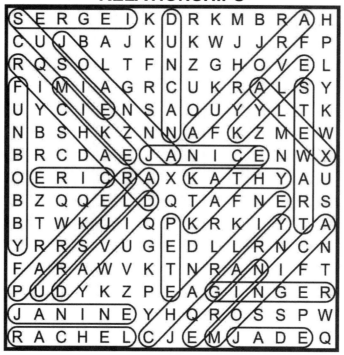

S	E	R	G	E	I	K	D	R	K	M	B	R	A	H
C	U	J	B	A	J	K	U	K	W	J	J	R	F	P
R	Q	S	O	L	T	F	N	Z	G	H	O	V	E	L
F	I	M	I	A	G	R	C	U	K	R	A	L	S	Y
U	Y	C	I	E	N	S	A	O	U	Y	Y	L	T	K
N	B	S	H	K	Z	N	N	A	F	K	Z	M	E	W
B	R	C	D	A	E	J	A	N	I	C	E	N	W	X
O	E	R	I	C	R	A	X	K	A	T	H	Y	A	U
B	Z	Q	Q	E	L	D	Q	T	A	F	N	E	R	S
B	T	W	K	U	I	Q	P	K	R	K	I	Y	T	A
Y	R	R	S	V	U	G	E	D	L	L	R	N	C	N
F	A	R	A	W	V	K	T	N	R	A	N	I	F	T
P	U	D	Y	K	Z	P	E	A	G	I	N	G	E	R
J	A	N	I	N	E	Y	H	Q	R	O	S	S	P	W
R	A	C	H	E	L	C	J	E	M	J	A	D	E	Q

DOUBLE JUMBLES
SOLUTIONS

Puzzle 1

*"All right, kids, I gotta get to work. If I don't input **those numbers**...it doesn't make much of a difference." - Chandler*

sitcom
sound
thuds
feeds
brood

Puzzle 2

*"That's right, I stepped up! She's my friend and she needed help. If I had to, **I'd pee on** any one of you!" – Joey*

phoebe
divot
played
pretty
funny

Puzzle 3

*"I just had sex with someone who wasn't alive during the **Bicentennial**."
– Monica*

young
dating
binge
trumpet
clerk

Puzzle 4

*"Phoebe, you are so beautiful. You're so kind. You're so generous. You're **so wonderfully** weird." - Mike's wedding vows*

styled
wilted
growth
fourth
ruins

Puzzle 5

*"Smelly cat, smel-ly cat, what are they feeding you? Smelly cat, smel-ly cat, it's **not your fault**." - Phoebe*

fifth
moody
belief
music
guitar
tinny

Puzzle 6

*"Do you think — and try not to let my intense vulnerability become any kind of a factor here — but do you think it would be OK if I asked you **out sometime**, maybe?" – Ross*

dating
group
nifty
beagle
simmer

Puzzle 7

*"You can't just give up. Is that what **a dinosaur** would do?"*
– Joey

spills
older
haunted
drama

Puzzle 8

*"Come on, Ross, you're a paleontologist. Dig a **little deeper**."*
– Phoebe

shins
neater
muddy
filly

Puzzle 9

*"They're as different as night and... later **that night**." – Monica*

grime
exact
theme
hence

Puzzle 10

*"Your little Harmonica **is hammered**." – Monica*

flummery
shined
lark
pigmy
camel

Puzzle 11

*"We don't know how long we're gonna be stuck here. We might have **to repopulate** the world." - Joey*

perk
central
stomp
woman

Puzzle 12

*"I can handle this. "Handle" is my middle name. Actually, "handle" is **the middle of** my first name." – Chandler*

symbol
rotate
dials
chilly
feet

Puzzle 13

*"And this from the cry-for-help department: Are you **wearing makeup**?" – Chandler to Joey*

blush
wilder
yield
proof
making

Puzzle 14

*"A no sex pact! I have one of those with **every woman** in America!" – Ross*

writer
erase
emote
year
ruin

Puzzle 15

*"Hey, if we were in prison, you guys would be like **my bitches**."*
– Phoebe to Monica and Rachel

mind
pesky
brings
itchy
chirp

Puzzle 16

*"I may play the fool at times but I'm a little more than just a pretty blonde girl **with an ass** that won't quit." – Phoebe*

smoke
yawns
Egypt
stalks
hero

Puzzle 17

*"I thought it'd be great, you know? **have some time** alone with my thoughts... turns out, I don't have as many thoughts as you'd think." – Joey*

mouse
white
vests
moth
aloof

Puzzle 18

*"All right, look if you absolutely have to tell her the truth, at least wait until the timing's right. And that's what **deathbeds are** for."*
- Chandler

feeds
chasm
verbs
bath
earthy

Puzzle 19

*"Ok, Joey, we'll do it one more time. **Don't forget** the rules - heads I win, tails you lose." – Rachel to Joey*

fringe
cutest
pound
trout

Puzzle 20

*"I mean, this one time, I went out with this girl, she had the biggest **Adam's apple**!" – Joey*

lilac
pity
aping
match
glide

End Note

Thank you for purchasing this book. We hope you enjoyed these puzzles. If you did, we would be grateful for an Amazon review. These matter more than you might think.

We'll be creating more themed word search puzzle books. If you would like to be placed on the list for early book release information and discounts, please drop us an email.

Best,

Miranda

MirandaPowell1970@gmail.com